जो हम कह ना सके

AF173848

विकास कुमार गोयल

pencil

ISBN 978-93-5610-003-9
© Vikkas Kumar Goyal 2022
Published in India 2022 by Pencil

A brand of
One Point Six Technologies Pvt. Ltd.
123, Building J2, Shram Seva Premises,
Wadala Truck Terminal, Wadala (E)
Mumbai 400037, Maharashtra, INDIA
E connect@thepencilapp.com
W www.thepencilapp.com

All rights reserved worldwide

No part of this publication may be reproduced, stored in or introduced into a retrieval system, or transmitted, in any form, or by any means (electronic, mechanical, photocopying, recording or otherwise), without the prior written permission of the Publisher. Any person who commits an unauthorized act in relation to this publication can be liable to criminal prosecution and civil claims for damages.

DISCLAIMER: *The opinions expressed in this book are those of the authors and do not purport to reflect the views of the Publisher.*

Author biography

Vikkas Kumar Goyal is a writer

CONTENTS

1. तितलियों की रानी

1.

एक तितलियों की रानी थी,

पंख पसारे उड़ती थी,

अठखेली सखियों के संग,

खुले आसमां फिरती थी,

प्यारी सी उसकी बातें,

और मीठी सी वो मिश्री थी,

आसमान के तारों पर राज़,

हमेशा करती थी...

यौवन की दहलीज पार कर,

भँवरों के मन हरती थी,

अपने नव अरमानों के बल,

इस ईश चमन में फिरती थी,

अब जब प्रणय उम्र हो गयी,

भँवरों की फिर खोज हो गयी,

तब एक भँवरे की किस्मत से,

अपने जनक के कहने से वो,

उस भँवरे संग परदेस उड़ गई,

इसी बीच मे था एक भंवरा,

गुपचुप और थोड़ा शर्मिला,

एक दिन किस्मत से वो,

परी रानी से किसी राह में मिला,

देख के वो उस परी रानी को,

उससे तब वो कुछ न कह सका,

पर उस भँवरे के भीरु मन में,

वो तितली रानी जा बस गई,

उसके चमकीले पंखों से,

ऑंखें भंवरे की चमकने लगी,

अपने उस कमज़ोर मन की,

बात उसे वो बता न सका,

और कर्म गत वो छोटा सा,

उनके मिलने का संयोग हुआ,

परी रानी तो जीवन रस में,

अल्हड़ता से डूबी थी,

और उसके जैसे भंवरों की,

शायद न कोई गिनती थी,

समय गुज़रा, साल गुज़र गए,

परी रानी और एक भंवरा,

प्रणय लिए परदेस उड़ गए,

इधर वो भीरु कमज़ोर मन भंवरा,

परी रानी की यादें लिए,

अपने जीवन पथ बढ़ने लगा,

ये एक छोटे से उस मिलने की,

एक छोटी सी कहानी थी,

जीवन में अपने कर्मों की,

गत कब किसने जानी थी,

एक दिन कुछ संदेश देखकर,

वो भंवरा चकराया था,

दूर देस से उस तितली रानी का,

एक संदेसा आया था,

बरसों बाद तितली रानी को,

देख उसका मन उड़ने लगा,

एक मुलाक़ात के उस ख़ुमार का,

नशा फिर से थोड़ा बढ़ा,

परी रानी को देख खेलता,

उसका मन प्रफुल्लित हुआ,

जाकर वो परदेस राज करती है,

उससे वो बेहद खुश हुआ,

परी रानी ने एक बाग़ लगाया था,

और परदेस में जाकर,

अपना एक घर बसाया था,

अपने फूलों चमन में वो,

उड़ती, खिलती फिरती थी,

देख उसे उस भँवरे की,

दिल की कली खिलती थी,

कर्मों के खेले में ,

वो नतमस्तक रहता था,

और अपने दिल की बात,

कभी न किसी से कहता था,

एक दिन एक और संदेस,

उस परी का उसके पास आया था,

देख जिसे उस भँवरे का भी,

दिल और मन चकराया था,

चमन मे उस परी रानी के,

किसी राहु का दांव पड़ा,

और उसका परदेसी भंवरा,

बदकिस्मती के हाथ पड़ा,

उड़ निकला वो चमन छोड़कर,

परी का बसाया घर छोड़कर,

गाज़ वो क़िस्मत की उस पे पड़ी,

अकेली रह गयी वो तितली,

अब क्या करती, किससे कहती,

दर्द लिए अपने चमन में रहती,

करती फ़ूलों की रखवाली,

बनी वीर वो तितली रानी,

कर्मों का ये खेल है सारा,

इससे सारा संसार है हारा,

कर्मों का निस्तारण करना,

तब ही है इससे छुटकारा,

हार मानना काम नहीं है,

वीरों की ये शान नहीं है,

यही सोच कर आगे बढ़ना,

और उस ईश को प्रणाम करना...

2. एक परी सी

एक परी सी है,

जो हमारे दिलो दीमाग पे,

छाई है,

उसकी उस निर्मलता की

छवि से इस ज़िन्दगी में

जान आयी है,

वो कैसी है, अब तक समझ

न सके हम,

वो मेनका सी हसीन,

ममता की ज़मीन,

दोस्ती का आसमां,

अन्नपूर्णा और रहनुमाई है,

कि उसकी बात कुछ और

ही है, और कोई नहीं उसके संग,

खोजने पर भी हमारे जैसे को

भी, नहीं मिला वैसा कोई आत्मन...

वो ठंडक है दिल की,

वो है ठहराव तूफानों का,

वो है मंज़िल अपनी,

वो है साथी राहों का,

न जाने किस मिट्टी की,

बनी है वो, न जाने है,

किसका ये आशीष,

छवि वो जिसकी हो,

उसके आगे झुकता है

ये शीश...

उस ईश का है वो आशीष,

जो मिलता नहीं यूँ ही बख्शीश,

हाथ जोड़े उस ईश से हम

मांगते ये आशीष, कि कर्म हो

हमसे ऐसा कि चिर काल तक

स्थिर रहे हम पर ये आशीष...

3. देसी घी की सुगंध

देसी घी की सुगंध

सी है वो...

ज़िन्दगी की सादगी

की नदी सी है वो...

ममतामयी माँ का

रूप है वो...

धरा से जुड़ी जीने

की धरती है वो...

शांत प्रवाह की

पवन सी है वो...

कर्मों की कड़ी से

जुड़ी मूर्ति है वो...

4. कुछ बातें, अनकही...

4.

कुछ बातें, अनकही ही,

अच्छी हैं...

क्या पता, हम कह दें,

तुम सुन लो...

और फिर, इस नशे का

ये मज़ा न रहे...

इस गुप्पा-चुप्पी का,

जो आराम है,

इस इंतज़ार में,

जो दिलकशी है,

उसे हम कह दें,

तुम सुन लो,

और फिर ये,

दिल का आलम

ना रहे...

कुछ बातें अनकही ही,

अच्छी है,

क्या पता, ना कहना ही,

ज़िन्दगानी हो...

बस हमने ना कहा,

और उन्होंने सुन लिया...

बाकी किसने क्या कहा,

क्या सुना, सब

बिल्कुल बेमानी है....

5. आदते कुछ यूँ

5.

आदते कुछ यूँ

दीदार में बदनीयती की,

लगी हैं...

की देखने की गुस्ताखिया

दिल की मजबूरी हुई है...

जानते हैं हम कि,

ये ज़िद बुरी है...

पर क्या किसी की

चाहत, गुस्ताख़ी है...

6. जो तुमने लिखा है

6.

जो तुमने लिखा है,

वो सब ने पढ़ा है...

जो तुमने कहा है,

वो सबने सुना है....

जो हमने पढ़ा है....

जो हमने सुना है....

बस हमारे लिए है।

7. देखकर तेरी आँखे

7.

देखकर तेरी आँखे,

कुछ याद तो है,

कि जैसे...

नूर ने कुछ शक़्ल

सी ली है...

कि देखती हैं,

इस दुनिया को,

कुछ इस तरह,

बदलते, कि...

इनमे ज़्यादती ,

ख्वाबों की नहीं.....

नमी की है।

8. कुछ हमारे हालात

8.

कुछ हमारे हालात,

कुछ हमारी बुज़दिली,

इस धड़कन को पकड़े हैं...

इस व्यापार की नीति

है, जो अल्हड़ता को जकड़े है...

कुछ ख़ास नही,

बस, दिल फिर भी

धड़के है...

हम हैं, वो हैं...

सोच है, ये क्या कम है...

9. दबा दिया है

9.

दबा दिया है,

वो साज़, जो समझे

बिना ही,

दिल की तान

छेड़ता था...

अब तो हम,

दुनियादारी की

तमीज़ सीख रहे हैं...

10. सादगी वो उसकी

10.

सादगी वो उसकी,

खेतों की, फूलों की...

कुछ दिल की गलियो की,

कुछ घुलती झोकों की...

वो माथे का टीका,

जिसने दिल जीता...

उन खिलती अंखियों की,

उन रोशन सखियों की...

वो खुशबु उस मन की,

जाती धड़कन कुछ थम सी...

अब उसका वो उड़ना,

नृत्य ऋतू का करना...

बस ये ही तो झांकी,

मन में बस जाती...

मर जाते हैं भवरें,

मिलने की चाहत में...

उस ज्वाला की गरमी,

से मिलने तन मन से...

11. अब वो रुत कहाँ रही

11.

अब वो रुत कहाँ रही,

जब दीवानगी में,

डगमगाते थे कदम...

अब तो बस साँसे

रुकती हैं...

और दिल धड़कता है...

12. शुक्र है कि,

12.

शुक्र है कि,

कुछ दूरी है...

वरना काशिश,

कुछ यूं है

कि गुस्ताख़ी,

गुस्ताख़ी नहीं...

अल्लाह की

मंज़ूरी है...

की छाए हैं

बादल, बदखुमारी

के यूँ...

कि बरसा है

दिल पर वो

नश्तर यूँ...

कि आस नही

अब बचने की...

कि ज़ुबाँ नही

इस पागलपन की...

बस राह खड़े

अपने मन की...

उस अमित कृति

इस कुदरत की...

वो भेंट निहारे

जाते है...

वो मिलना एक

बस सपनो का...

वो हिल जाना

इस मधु मन का...

बस इसी पूंजी

को साथ लिए...

उस छद्म हामी

का मान लिए...

जीवन की उस

अनमोल भेंट को...

हृदय लगाए

जाते हैं...

13. एक लौ सी है

13.

एक लौ सी है

बंदे की ज़िंदगी,

एक लौ सी है

इस देह में...

एक चाह सी है,

इस मन की...

एक अनकही

सी त्रिशनगी...

जो कह दिया वो

खो गया,

जो अनकहा, वो

संग रहा...

जो याद किया,

वो भूल गया...

जो लौ मे था,

वो संग गया...

14. ना दिन निकला

14.

ना दिन निकला,

ना रात ही हुई...

हमारी बददिमाग़ी,

कुछ ढूंढती रही...

15. कुछ नहीं है जीवन ये

15.

कुछ नहीं है जीवन ये,

बस आनी जानी

का खेला है,

कुछ तू जी ले,

कुछ मैं जी लूँ,

बाकी नया सवेरा है...

क्या ठौर ठिकाना

इस तन का,

क्या हुआ यहाँ

कुछ इस मन का,

जो शुद्ध जिया,

जो संचित किया,

जो ईश आधीन किया,

बस उसकी गांठ

लिए हुए, नई मंज़िल

पर कूँच किया,

चलो राह में साथी बने,

जो हो वो एक दूजे

के दुख हरे,

बाकी तो ईश का

खेला है,

किसको यहाँ

चिर जीना है।

16. यूँ तो हम

16.

यूँ तो हम दाद के,

क़ाबिल न थे...

पर आपकी दरियादिली ने,

हमे गुरुर मंद बना दिया...

17. कुछ बेड़ी, कुछ बंधन

17.

कुछ बेड़ी, कुछ बंधन,

कुछ दिए हुए कंगन...

कुछ प्रेमी, कुछ अनबन...

आज़ाद हों, आज़ाद हों...

कुछ कड़वी सी धड़कन,

वो कुछ रिश्तों की चुभन,

वो पपीहे की बोली...

आज़ाद हों, आज़ाद हैं...

वो अपनों सा बनना,

वो दिल में घर करना,

फिर वो घर बिसराना...

आज़ाद हों, आज़ाद हों...

वो कर्मों के बंधन,

वो जीवन के स्मरण,

होकर फलीभूत...

आज़ाद हों, आज़ाद हों...

18. आज कुछ

18.

आज कुछ समझ

नही आया, अन्दाज़,

उनका...

कि परिंदों की

ज़ुबानी, ये उनका,

आदेश क्या है...

ज़ुल्म सी अदना,

हो गई है,

शायरी अपनी...

और अंदाज़े बयां,

बेज़ुबा हुआ है...

19. कुछ समझ नही

19.

कुछ समझ नही

आ रहा कि,

ये मन चाहता

क्या है...

आखिर इस अनहोनी

ज़िद की, दवा क्या है...

20. स्याही से मत पूछो

20.

स्याही से मत पूछो,

उसका रंग क्या है...

बात तो ये है, कि,

उस रंग से,

मूरत क्या बनी...

21. मत हो तू

21.

मत हो तू,

यूँ उदास ऐ कली,

की बदकिस्मत तो,

वो भँवरे हैं, जो,

तेरी कद्र न जान पाए...

चमन की बहार तो,

फूलों और कलियों से है...

भँवरों की औकात तो

तो वो किसी से न

छुपा पाए...

22. कुछ किस्से अपने होते हैं

22.

कुछ किस्से अपने होते हैं,

उनमें अपना भी दखल नहीं...

कुछ नग़मे अपने होते हैं,

उनके सुर अपने ही होते हैं...

उनमें दूसरा होते हुए भी,

बेदख़ल होता है...

उसका होना लाज़मी नहीं...

क्योंकि वो किस्से आत्म से

जुड़े होते हैं, उनमे सिर्फ,

परमात्म का ही दख़ल

और राजी होता है...

23. है समा रात का

23.

है समा रात का,

सब कुछ है मंद...

शांत ये सारी धरती,

फिर क्यों डगमग मन...

शांत वायु बह रहा,

है शरद मौसम...

पास है, कोई दूर है,

चंचल बहुत ये मन...

ये समा सब श्याम है,

पर हिल रहा ये मन...

कैसी है ये त्रिशनगी,

कब छुटे ये बंधन...

24. ऐ ज़िन्दगी कुछ तो बता दे

24.

ऐ ज़िन्दगी कुछ तो बता दे...

तेरे इस दर्द की कुछ तो दवा दे...

के हारे नहीं पर, थक से गये हैं,

फिर उठ के चलने की कोई वजह दे...

न ठहरी है तू, न ठहरना है हमको,

किसी नई मंज़िल का कुछ तो पता दे...

ये आँखे हैं बोझिल, ये पांव हैं भारी,

तरो-ताज़गी की थोड़ी हवा दे...

कि चलने से पहले, रुके हैं बस एक पल,

ज़रा साँस ले लें, बस इतनी जगह दे...

25. हमदर्द हमराही बस

25.

हमदर्द हमराही बस

वो ही नहीं जो,

झूठे सच्चे साथ जिये,

गर ऐसा ही होता तो

क्या राधा क्या कृष्ण

तू बोले तो

ठीक कृष्णा,

न बोले तो ठीक...

जीता भले ही

अर्जुन ने स्वयंवर,

कृष्ण द्रौपदी मीत,

चीर हरण के समय,

अनवरत पहुंचा,

अम्बर चीर...

किस्से ऐसी प्रीत के

रहे आज और अतीत,

कर्म फलित हो आया

देखो राधा बिना मीत...

है तपोवन धरा ये,

ऊपर जलती धूप,

प्राणी चाहे जल जाए,

प्रेम रहा चिर जीत...

26. न भटको तुम

26.

न भटको तुम

ये अपना दर्द

लेकर यहाँ वहाँ...

ये तो बाँटने

से भी कम

हो जाता है...

कुछ साथी हमदर्द

यूँ चुन लो,

फिर दर्द क्या

सफर ज़िंदगी का,

पुरसुकून हो जाता है...

27. जाने क्या बात है

27.

जाने क्या बात है,

हमारे दिल का कोई

हिस्सा खुल गया है...

वो दिल की जगह, जो

हमहि देखते थे कम,

वो हिस्सा जाने कैसे,

दिख गया है...

बमुश्किल ढकें थे जो,

बातें दिलों की, न जानें,

किस वज़ह से ये पर्दा

हटा है...

करें क्या अब ऐ दिल,

इन्हीं उलझनों में,

हमारा छुपा वो

आवारा मन

खुला है...

28. नीयत खराब भँवरे की

28.

नीयत खराब भँवरे की,

है एक फ़ूल पे,

आती है खुश्बू ज़ोरों से,

पर पहुँच पाता नहीं...

दिखता है चाँद अम्बर मे,

उस चकोर को,

करता गान उस नूर पे,

पर चैन पाता नहीं...

चलते हैं राही संग संग,

थोड़ी दूरी पे,

पर कुछ यूँ हैं दूरियाँ,

फांसला मिट पाता नहीं...

29. हद है शोखियों की

29.

हद है शोखियों की आपकी,

कि मोहब्बत को ख़ुदकुशी

बता दिया...

अरे मोहब्बत तो जनाब,

हर हाल में कुदरत की नेम है...

मोहब्बत तो हमारे बस

में नहीं, कि मरें या जियें,

ये बात ठीक है कि,

ये दिल धड़कता है

पर, आवाज़ नहीं होती...

30. आज कुछ पा गयें हैं

30.

आज कुछ पा गयें हैं हम,

आज कुछ ऐसा हुआ जो,

ख़ुद हम ही हो गए ग़ुम,

क्या कुछ दिल सुनना चाहता है,

आज वो बिन सुने ही सुन गए हम,

किताबें जो दिल में बंद थीं,

एक लिहाफ़ में, आज वो,

खोल कर पढ़ गए हम,

कि क्या कहने उस हुस्नेपरी के,

कि उसकी उंचाईयों के सिरे से,

जुड़ से गये हम...

अब बाकी क्या रहा,

उसने जो कहा,

उसकी ऊंचाइयों और

सोच की है ज़ुबाँ,

एक साधना है ये उसकी,

एक है तपस्या, और,

उस तपस्विनी बाला परी की,

है ये हम पे रज़ा,

क्या ये कुछ कम है करिश्मा...

अब तो हम खुद ही पूछ रहे,

उस जगदीश से, कि, क्या,

कभी हिरण से मिलता है

कोई हम सा बिलाव...

उसकी शक्ति, उसकी तपस्या,

उसका त्याग, उसका लगाव,

हम तो इस क़ाबिल न थे...

पर देखों उस परी का सवाब,

कि प्रेम और ममतामयी,

अपनी करनी से, हम जैसे को,

भी दिया प्रेम का ताज़...

उसने बताया कि शक्ति

क्या है, उसने बताया कि,

पुरुष प्रेम स्त्री के आगे क्या है...

एक अनवरत बहता प्रेम का,

झरना है वो,

बदकिस्मत है, जो उसे पाकर भी,

न डूबा हो...

हमें तो अपनी मंज़िल मिल गई,

कुछ न हो, पर कुछ तो रज़ा मिल गयी...

31. आप तो बस

31.

आप तो बस

रखे रहिये अपनी

ज़ुबाँ पे...

बाकी ज़ायका कोई

भी हो, वो तो कोई

बात नहीं...

32. न हम किसी से

32.

न हम किसी से कहते हैं,

न वो किसी को बताते,

बस दिल की बात दिलों में,

खुद ही जल रह जाते...

क्या दस्तूर निभाते,

खुद को जलाते,

किसी की चाहत,

कोई गुनाह है,

33. क्या हुआ है

33.

क्या हुआ है,

कुछ तो है...

जो दिल जानता है,

पर ज़ुबाँ बन्द है...

ढूंढता रहता है,

शीशों में कहीं

कुछ तो, जो मालूम है,

पर कह सकता नहीं...

कुछ तो है, गुस्ताख़ी उसमे,

कुछ तो है, कोई बंदिशी,

कि, दिल तो बढ़ता है,

पर बढ़ते ये पाँव नहीं...

34. आज तो हम उसके पास

34.

आज तो हम उसके पास

होना चाहते थे, पर...

ये पाँव जाने क्यों जकड़े हैं...

आवाज़ तो दिल की पहुँचती है,

चीख़ते चीखते, मगर...

देख लें जी भर के, यूँ,

लगा लें हृदय से यूँ,

उसकी कोई सूरत नज़र नहीं...

35. लफ़्ज़ों की ज़ुबाँ

35.

लफ़्ज़ों की ज़ुबाँ

बंद हो जाती है,

जब पैग़ाम आता है

कि वो हमें याद करते हैं...

दिल के तूफानों का

दरिया थम सा जाता है,

जब ये गुमान होता है

कि थोड़ी ही सही,

पर हम कुछ जगह

दिल में रखते हैं...

36. न छेड़ो उन यादों को

36.

न छेड़ो उन यादों को,

जो और भी हिला दे मन,

पर पूछा है तो, बताना है,

क्योंकि इस वक़्त खुला है मन,

कोई सीढ़ी थी, कोई था मौसम,

जहाँ वो मिली, अपने अल्हड़पन,

जहाँ बैठी जाने क्या बोली थी,

पर ये कान थे बंद,

उसके उस मिलने से,

जाने क्यों खुल गया ये मन,

उस हवा, उस खुशबु से यूँ

सरोबार हुआ मन,

कि दिनों महीनों सालों से,

आज तक, निकले नहीं हम,

अपने मन की कमज़ोरी से,

डर गए हम, और कर्मों की,

रस्सी से बंधे, बेबस हुए कदम...

यूँ तो कभी डगमगाते नहीं,

ये हमारे कदम, पर जाने क्या

था ये, कि आज फिर खुल गया मन...

पर ये तो हमारी कहानी है,

और कमज़ोर मन से,

किसने की मनमानी है...

शायद आखरी बार दिखे,

अब ये मन,

पर न दिखने पर भी,

वो जो है, वो है,

और हमेशा रहेगा,

इसके संग...

37. भुला दे चाहे ज़माना

37.

भुला दे चाहे ज़माना,

भुला दे चाहे कोई...

तुम न मुझे बिसराना,

क्योंकि तुम ही हो मेरी ये कविता,

तुम ही दाद भी...

मेरी कविता, मेरे शब्दों की,

उम्र कम ही सही,

गर साथ तुम्हारे रहे,

कुछ पल, बस वो ही,

उसकी ज़िन्दगी...

38. और अब क्या रखा है

38.

और अब क्या रखा है,

हमें अपने पे जो गुमाँ था,

वो गया है,

कि खुल गए राज़ अपने,

और जो यादों के दरीचे,

सिर्फ अपने थे,

उन पर से नादानी में,

पर्दा हटा है...

सब सुनती हूं सब समझती भी हूँ ••••••

बस कुछ कहने की इजाज़त नहीं है मुझे

www.ingramcontent.com/pod-product-compliance
Lightning Source LLC
Chambersburg PA
CBHW030258070526
44654CB00045B/1080
* 9 7 8 9 3 5 6 1 0 0 0 3 9 *